LETTRES MAJUSCULES

A B C
D E F
G H I
J K L

M N O

P Q R

S T U

V X Y Z

LETTRES MINUSCULES

a b c d e

f g h i j

k l m n o

p q r s t

u v x y z

MAJUSCULES ITALIQUES

A B C D E F

G H I J K L

M N O P Q R

S T U V X Y Z

MINUSCULES ITALIQUES

a b c d e f g h

i j k l m n o p

q r s t u v x y z

LETTRES ILLUSTRÉES

VII

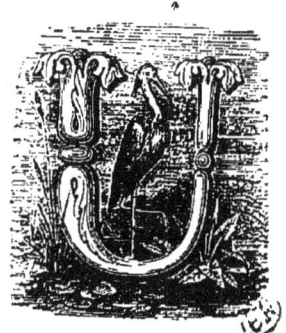 

VOYELLES ET CONSONNES

ba be bi bo bu

da de di do du

ab eb ib ob ub

ac ec ic oc uc

af ef if of uf

al el il ol ul

ep ip ap up op

or er ir ur ar

CONSONNES ET VOYELLES COMPOSÉES

bra, bre, bri, bro
blo, blu, ble, bla
cro, cra, cri, cru
clo, cla, cle, clu
dra, dre, dri, dro
fro, fre, fra, fru
gro, gra, gre, gru
sto, sti, stu, sta

CONSONNES ET VOYELLES COMPOSÉES

bloi, bleau, bleu
bran, breau, broi
cron, creu, crai
dron, dreau, dreu
frau, fron, freu
grai, grau, grou
prau, prou, preu
tran, trai, trou

MOTS D'UNE SYLLABE

ail, art, arc, aux.
bail, bal, beau.
car, coq, corps.
doux, dans, deux.
est, eux, es, en.
faux, fard, fond.
grand, gant, gros.
haut, houx, hors.
main, mer, mort.

MOTS DE DEUX SYLLABES

â-me, a-mi.
bon-ne.
car-deur.
dor-meur.
es-poir, é-té.
fro-ment.
gran-deur.
hon-neur.
jour-nal.
lan-cer.
mou-ton.

nor-mand.
or-dre.
pou-let.
quil-le.
ren-trer.
sa-von.
trai-teur.
ur-ne.
vau-tour.
xé-rès.
zé-ro.

MOTS DE TROIS SYLLABES

at-ten-tion.
bû-che-ron.
ce-ri-se.
di-ri-ger.
es-tra-gon.
far-fa-det.
ga-lo-che.
ha-ri-cot.
il-lu-sion.
ja-lou-sie.
li-mou-sin.

mo-de-ler.
na-vi-re.
ou-ra-gan.
po-lis-son.
que-rel-le.
ra-me-ner.
spec-ta-cle.
ta-bou-ret.
u-ni-vers.
va-ga-bond.
ya-ta-gan.

PETITES PHRASES

Un beau couteau.

L'oiseau chante.

L'an a douze mois.

L'enfant obéit.

Le pauvre pleure.

Tes habits sont neufs.

Ma fleur est fraîche.

Paul a une épée.

Le jardin est arrosé.

Le soleil est brûlant.

Le chien est fidèle.

CRIS DES ANIMAUX

Le Lion rugit.
Le Cheval hennit.
Le Bœuf beugle.
Le Taureau mugit.
Le Loup hurle.
L'Ours gronde.
Le Chien aboie.
Le Chat miaule.
Le Cochon grogne.
La Grenouille coasse.
Le Serpent siffle.
L'Ane brait.
Le Mouton bêle.
Le Rossignol chante.
Le Perroquet parle

www.ingramcontent.com/pod-product-compliance
Lightning Source LLC
Chambersburg PA
CBHW061624040426
42450CB00010B/2648